Andreas Kleingrothe

Gelockertes aus Drucksvermögen

Andreas Kleingrothe

Gelockertes aus Drucksvermögen

Impressum

Bibliografische Information der Deutschen Nationalbibliothek:
Die Deutsche Nationalbibliothek verzeichnet diese Publikation in
der Deutschen Nationalbibliografie; detaillierte bibliografische
Daten sind im Internet über http://dnb.dnb.de abrufbar.

© 2021

Herstellung und Verlag: BoD – Books on Demand, Norderstedt

ISBN: 978-3-7543-0136-4

Zuneigung
(frei nach J.W.v.G.)

Ihr naht euch wieder, halbgegarte Reime,
Und drängt mich, euch in Verse zu verknoten.
So strebe ich mit heißem Dichterleime
Nach neuem Weg, das Alte auszuloten.

Ich penn heut Nacht im Bulli

So, ich schnapp mir Block und Kuli,
Den XL-Kapuzenpulli,
Denn ich penn heut Nacht im Bulli
Und da schreib ich mir ein Buch.

Fragst du mich, ist Reim die Antwort.
Ich fahr los und über Land fort,
Schick der Muse meinen Standort
Für erhofften Kussbesuch.

Was ich will

Die Welten
Sind unendlich,
Die ich fühl –
Zu selten
Weiß ich gänzlich,
Was ich will –

Wo Biegung
Ist, soll planend
Ich entscheiden –
Statt Fügung
Soll ich ahnend
Wählen, meiden –

Dies eine
Und dies andre,
Mensch, entscheid' es! –
Ich meine
Und mäandre
Durch ein Beides.

Sekundenkleber

Ich staune noch und weiß nicht, wie
Ich dieses Augenblicks Magie
Noch lang bei mir behalten soll –
Sekundenkleber wäre toll.

Sie tut mir nichts

Und wieder steht die alte Frau am Fenster
Und stünde sie woanders, wär's mir lieber.
Sie tut mir nichts, doch reimen sich Gespenster
Auf ihren starren Blick zu mir herüber.

Urteil im situativen Kontext

Aus der Reihe „Mögen dies die Leute
Nie über mich sagen, ohne dass
Sie vor meinem Grabstein stehen", heute:
„Der ist aber alt geworden, krass!"

Betriebsbedingte Maßnahme

Es bleibt mir, sehr verehrte Mitarbeiter,
Im Angesicht des Tiefs, das wir erreichen,
Als Chef dieses Betriebes wohl nichts weiter,
Als zeitnah Ihren Arbeitsplatz zu streichen.

Und wer dann sein Büro wann räumen solle,
Entnehmen Sie dem Zettel, den ich sende.
Wir kommen dann mit Eimer, Pinsel, Rolle
Und zaubern Ihnen herrlich neue Wände.

Au revoir

Berufs-Teenie
Und so bieder,
Nennst sie deine Lieder,
Doch erschufst sie nie
Selbst. Gefällig
Und selbstgefällig
Als Unterraschungsgast
In jeder Sendung,
Heute, morgen, übermorgen.

Zu jedem Trend
Ein Release,
Zu jedem Shit
Ein Hit
In my face,
Ein Schlager ins Gesicht.

Kopf sagt zu Bauch nein,
Und der Bauch nämlich
Findet's auch dämlich.
Bisschen Rap, bisschen Cap,
Bisschen Brille, bisschen Gülle –

Studierter BWLer,
Polierter Kommerzieller,
Lass die Hände bitte raus
Aus der Sendung mit der Maus!

Das Glück liegt auf der Straße

Du warst eigentlich unterwegs
Ganz woanders hin, da bist du
In einem Moment der Unachtsamkeit
Irgendwo am Wegesrand aus Versehen
Mitten in mein Leben getreten.
Jetzt kleb ich dir am Schuh
Und häng dir in der Nase.

Draußen wie drinnen

Wie es nass ans Fenster prallt und prasselt,
Tropfen in die Schräge klopfend
Hämmert,
Dämmert
Es nicht nur da draußen –
Drinnen rinnen, ähnlich tränlich,
Kopfend in die Schläfe Tropfen –
Wie es nass und finster knallt: vermasselt.

Dienstags und mittwochs

Bei Leuten, die der Job so stresste,
Dass schnell das Haus verschmutzte,
War'n mittwochs immer liebe Gäste,
Drum dienstags wer, der putzte.

So kam's, dass mittwochs still man staunte,
Dass alles stets so reine,
Wo gleicherorts man dienstags raunte:
„Was wohnen hier für Schweine..."

Vogelperspektive

Spatzen pfeifen's von den Dächern
Aus dem letzten Loch:
Bald sind alle Bäume blechern.
Drauf gepfiffen! (Noch.)

Brauch

Worauf ein Brauch *zurück*geht, will man immer gern erklären,
Damit auch wirklich jeder eine Tradition versteht.
Mein eignes Interesse ließe sich hier noch vermehren,
Erklärte man dazu noch, inwiefern er *vorwärts* geht.

Amanda
12-Takt-Blues in A-Dur

Abends an Amandas Arm,
Amor aktiviert Alarm!
Alles an Amandas Art
Attraktiv, adrett, apart!

Dann Duell! Der Dreckskerl…Dramen!
Drücken denn die dollsten Damen
(Auch Amanda) allzugern
Arrogante Alphaherrn?

Edles erntet Elendsende,
Der, der drischt, die Dividende –
Ach, Amanda, abzusehen:
Elend, Einsamkeit entstehen.

Cunningham's Law

Da kam dir doch jüngst was zum Schmunzeln zu Ohren:
Laut Cunningham's Law über Internetforen
Bekommt man die Antwort, die man sich erhofft,
Indem man die Frage hier postet, nicht oft.

Beantwortet falsch man die eigene Frage,
Verändert jedoch sich zum Guten die Lage:
Die Weisheit des Mobs sah den Fehler – und los ging's!
Schon hagelt es laute Verbesserungspostings.

So leicht ist die richtige Antwort erlangt
Und Cunningham weiß, dass man's dem hier verdankt:
Zu wissen ist nichts, was uns froh macht am Schluss;
Es besser zu wissen ist purer Genuss.

Everybody's darling denkt

Ihr, die ihr mich kürtet, küsstet,
Euch mit meiner Freundschaft brüstet,
Gern in meiner Nähe nistet,
Glaubt, dass ihr wie ich sein müsstet,
Und, wenn man mich schalt, entrüstet
Gleich die Angriffsflagge hisstet –
Wenn ihr wüsstet. Wenn ihr wüsstet.

Im Stillen…

…Gedenken wir heute der zahlreichen Songs,
Die rockten, doch ohne den Hauch einer Chance
Verstarben durch urdeutsche Liedmetzelei:
Zu Tode geklatscht auf der 1 und der 3.

Eigentlich kaum vorstellbar

Das Saarland, las ich kürzlich irgendwo,
Besteht zum größten Teil aus Fußballfeldern,
Die jeden Tag (im Durchschnitt) einfach so
Verschwinden aus Brasiliens Regenwäldern.

Dir helfen

Du wünschtest dir, ich hülfe dir, wo möglich,
Doch schwüre ich dir derart Großes, lög ich.
Dass Worte man nicht sieht, hilft hier am meisten:
„Ich helfe dir womöglich", kann ich leisten.

Ein Ding der Möglichkeit

Ein flottes Vierrad mit PS
Hast, Opa, du ergattert.
Bist durch die Landschaft ohne Stress
Ein Weilchen dann gerattert,

Erwiest dich so als ein Genie
Und würdig eines Preises.
Geschafft hat vorher keiner sie,
Die Quad-Rad-Tour des Greises.

Donaldkacsázik

Nur im Hemd und ohne Hose
Ungehemmt in Donaldspose
Steht am Fensterbrett ein Herr, den
Reizt es, so geseh'n zu werden.

Tapfer fährt der Sans-Culotte
Hosenloser als ein Schotte
Ungeseh'n noch manche Stund dort
Mit dem Nacktsein ohne Grund fort

Doch das Sims, vor dem er tänzelt,
Hüftig hin- und herscharwenzelt,
Reicht dem Herrn mit Hosenschwund
Leider bis zum Hosenbund

So, dass, wessen Blick hereinschneit,
Nicht bemerkt das fehl'nde Beinkleid,
Sondern denkt (was ihn ja nie stört):
Schau, da tanzt ein Mann im T-Shirt.

Drei Worte

Der Tag war so schön wie kein anderer je,
Mit dir spür ich ganz meine Seele.
Wenn ich so im Abendlicht neben dir geh,
Ganz neben mir steh, wenn ich neben dir steh,
Erklimmen drei Worte die Kehle.

Mein völliges Herz geht spazieren und lacht,
Du trafst es zuerst, dann der Schlag.
Komplett übermannt und nach Hause gebracht –
Bevor es dich gab, hätt' ich niemals gedacht,
Dass ich sie zu irgendwem sag,

Die magischen Worte, sie brechen sich Bahn,
Ich sagte sie niemals zuvor.
Wie du mir, so hab ich's auch dir angetan,
Ich kann es kaum fassen, doch nehme es an
Und sag dir „Du liebst mich" ins Ohr.

Zweierlei Maß

Wenn sich einfach unsre Kinder
Ihren Müll an ihre Münder
Hielten und dran zögen,
Dürften sie ihn selbstverständlich,
Wenn sie fertig sind, letztendlich
Lassen, wo sie mögen.

Wenn jedoch ein frecher Bengel
Keine Zigarettenstängel
Auf die Wiese streute,
Sondern einen Plastikbecher,
Meckerten wir noch und nöcher
Ob der Jugend heute.

Irgendwas ist immer

Wenn komplettes Bremsversagen
Bei akuter Radwegglätte
Nicht zum Unfall beigetragen
Hätte, hätte Fahrradkette.

Auf und zu

Ließen sich unsere Herzen
Öffnen,
Dann könnten wir Freundschaft und Frieden
Schließen.

Glückliches Fleisch

Als die Monster aus dem All
Ansetzten zum Überfall,
Aber sich moralisch sichern wollten,
Fragten sie: „Wen fressen wir
Von den ganzen Menschen hier?
Sind sie nicht vergleichbar unbescholten?"

„Sonnenklar", sprach die Moral,
„Wählen Sie fürs fromme Mahl
Vorzugsweise glückliche Personen.
Die mit einem schönen Leben,
Frei und lebensfroh, ergeben
Fürs Gewissen beste Fressportionen."

Behalten

Du hast es mir so richtig gegeben,
Mich damit getroffen,
Nun willst du es zurücknehmen,
Aber ich lasse es mir nicht nehmen,
Es dir nachzutragen, vorzuhalten, vorzuwerfen,
Es ab und an mal fallen zu lassen
Und für immer zu behalten.

Blickwinkel

An einem warmen Tag im Mai,
Da ging ein Herr an uns vorbei,
Der Winterkleidung trug.
Ich raunte: „Dem ist sicher heiß",
Du schmunzeltest und sagtest leis:
„Nein, kalt." – Das fand ich klug.

Bitter

Wo immer man hinsieht, ist's übel bestellt
Um Frieden und Fairness in unserer Welt,
Und dann zu erkennen, wie bitter das ist:
Wo niemals man hinsieht, ist auch alles Mist.

Gleis

Geschlossene Augen, ein bleiches Gesicht
Und vor ihm: noch jahrelang schlaflos.
Rechts neben ihm: Schock, von links bläuliches Licht.
Und unten: ein Egoist straflos.

Was war das?

Was war das? Mitten in der Nacht
Bin ich von etwas aufgewacht.
Hab ich nicht einen Reim gehört?
Hat nicht ein Einfall mich gestört?

Du Geistesblitz, kurz aufgemuckt,
Komm durch verschlafnen Kopf gezuckt,
Werd manifest in klugen Zeilen,
Doch bitt ich dich, dich zu beeilen

Und dabei Großes zu verrichten;
Nicht bloß was drüber, nachts zu dichten.

„Good Food, Good Life"

Am Tore vor dem Brunnen,
da prangt ein Schild: Nestlé.
Ich träum' in seinem Schatten

von Trinkwasser, ihr widerliches
Ausbeuter-Pack.

Ich ritzte in das Stahltor
So manchen Totenkopf
Es zog in Durst und Hunger

Mich immer wieder zu eurem
Verbrechen gegen die Menschlichkeit.

Ich musst auch heute wandern
Vorbei in tiefer Nacht.
Da habt ihr eure Türen

Und Augen in einer abscheulichen
Art und Weise verriegelt.

Und seine Wasser rauschten
Als riefen sie mir zu:
Komm her, Südafrikaner,

Hier findest du unser flüssiges Gold
in verschissenen Flaschen.

Die trocknen Winde bliesen
Mir Durst ins Angesicht.
Der Kopf flog mir vom Halse.

Ihr wendetet euch nicht,
 sondern kümmertet euch einen Dreck.

Nun wurd uns manches Leben
Entfernt von jenem Ort
Und blutig hört man's rauschen.

Ihr landet alle in der Hölle,
das steht immerhin fest.

Hallo, liebe Leute von A bis Z

Ich teile keine Blätter aus,
Ich teile meinen Screen zu Haus,
Mach täglich Content wie ein Influencer.

Die Klasse ist ein Dorf, mein Team,
Was heute dran ist, post' ich ihm
Und stelle eine Videokonferenz her.

Ich nutz den virtuellen Raum aus,
„Schnips!" rüber in ein Gruppen-Baumhaus,
Mein Tag ist eine Folge „Hallo, Spencer".

Hast du das?

Zuhörn heißt Notizen machen
Nimm Notiz von meinen Sachen
Ich ergreif das Wort, du Stifte
Während ich beschreib, beschrifte
Führ ich aus, führ Buch dabei
Spitz die Ohren und das Blei
Hör nicht auf, hör immer zu
Ich lass fallen, sammle du
Halte fest, was ich verlier
Los, Stich Punkte ins Papier
Trage ein, ich trage vor
Ich trompete, du bist Ohr
Nie verlauf dich beim Verlauf
Schreib ihn nieder, schreib ihn auf
Um gut mitzukommen, bleib
Folge mir, bleib da und schreib
Halt dich an das Protokoll,
Dass man eins erstellen soll
Kurze Frage: Alles, was
Ich jetzt hatte – Hast du das?

Hier gewesen

Du denkst an Kälte, Nässe, Tod,
Wenn Wind im 5-Uhr-Abendrot
Durch feuchten Forst ans Fenster kracht
Und kurze Tage kürzer macht.

Du siehst im Laub auf nassem Weg
Für düstre Zeiten den Beleg,
Wie Trakl wähnst du den Verfall –
Doch ich spür Sommer überall.

Wie eines Gastes, der grad ging,
Parfum noch in der Wohnung hing
Und sich allmählich nur verlor,
So zeugt die Herbstzeit vom Davor:

Die braunen Blätter weit und breit
Vom vormals grünen Blätterkleid,
Der Sonnengang, nun abgeflacht,
Von jüngst noch lauer Sommernacht.

Im Herbst erkenne ich die Spur,
Den Fußabdruck des Sommers nur,
Der stärker auf die Sinne wirkt
Als das, was erst die Zukunft birgt.

Im Herbst bemerk ich den August,
Werd' seiner mir erst recht bewusst,
Wenn durch den feuchten, bunten Wald
Sein Hiergewesen widerhallt.

Sandwichmethode

Sag, kennst du die Sandwichmethode?
Für Feedback ist schwer sie in Mode.
Erst Gutes, dann Schlechtes, dann Gutes,
So bleibt, wer versagt, frohen Mutes.

„Begrüßung sympathisch,
Der Vortrag erratisch,
Der Pausenkaffee aromatisch."

„Kein Skript, völlig frei,
Viel Stammeln dabei,
Und pünktlicher Schluss um halb zwei!"

„Das Thema benannt,
Dann völlig verrannt,
Uns später die Folien gesandt."

„Die Stimmung nicht fies,
Die Inhalte mies,
Das Bild mit den Katzen war süß."

Erst prima, dann joa, und dann prima,
Das schafft ein sympathisches Klima.
Wenn zwischen zwei Trostbroten Schiet steckt,
Dann wurdest du sandwichgefeedbackt.

Gemeinsame Anstrengung

Beziehung ist
Anstrengend

Ich strenge mich an, damit du mich magst
Du strengst dich auch an, damit du mich magst
Geteiltes Leid –

Wir hängen uns aneinander
Und strengen uns an (einander).

Wir mögen uns
Anstrengen, aber
Wir mögen uns.

Geh schon

Es kommt früher als gedacht und geplant,
Doch ich hab es schon ein bisschen geahnt.
Du hast alle Kraft verlor'n,
Träumst nach hinten, zuckst nach vorn,
Wo die Ausbrunst sich den Weg zu dir bahnt.

Du warst mutig, auch naiv, als du kamst,
Alles gabst und dich dabei übernahmst.
Da von außen keiner stützt
Und vorm Ausbrennen beschützt,
Bist du durchgerannt und merkst jetzt, du lahmst.

Illusionslos, bitter, grauhäutig, schlapp
Steigst du luftlos jene Leiter hinab,
Deren oberster Tritt
Deinen Füßen entglitt –
Dass du dich noch einmal fängst, das war knapp.

Ich habe eine Hundehaar-Analogie

Auf der Straße trafen sich zwei Köter:
„Schicke Frise, mit Extensionfront!"
„Danke, doch ich hätt' sie gerne röter,
Nicht dies 0815-Menschenblond."

Baumeln

Immer wenn ich meiner Seele
Etwas Müßiggang befehle
Und sie einfach baumeln lass,
Stößt sie sich an irgendwas.

Nachrichtig

Wer Macht hat, nimmt die Nachricht in die Hände
Und setzt sie dann beliebig neu zusammen,
Bis ihr Gehalt und die Gewalt am Ende
Demselben Ziel derselben Macht entstammen.

Die Wahrheit ist nun irrgeführter Glaube
Getäuschter, die die Lügenpresse blendet,
Und Allmacht dem, der, drehend an der Schraube,
Benachrichtigung nachberichtigt sendet.

Erschreckend

Hast du das mal bei dir entdeckt,
Und hat's dich auch so schlimm erschreckt,
Als du auf Kunst trafst, so vollkommen,
Dass sie den Atem dir genommen,
Und du dann lasest, wie viel stummer
Und unerträglich schlimmer Kummer,
Welch Einsamkeit, welch Schicksalsschläge
Einst brachten dieses Werk zu Wege,
Und ahntest, in perversem Neid,
Die kreative Kraft von Leid
Und schaudernd du kurz schienst zu hoffen,
Du wärst mal selbst davon betroffen?

Braune Pappe

Es klingelt an der Türe,
Durchs Küchenfenster
Scheint es gelb herein
Die Müllanfuhr ist hier
Eine Lieferung Altpapier
Braune Pappe, und darin
Zerhackte braune Pappe
Kügelchen, Plastikchips
Und dann in einer Ecke
In der kleinen Schachtel
Auch aus brauner Pappe
Irgendwas, das ich heute
Früh sah und wohl auch
Unverzüglich brauchte.

L.m.b.

Wie einst wir uns glühende Blicke versendend
Mit funkelnden Augen begegnet sind!
Verstanden uns strahlend, verstanden uns blendend
Und sieh doch nur, heute verstehn wir uns blind.

Farbe

Das Leid der andern, sonstwo auf der Erde,
Von dem zu lesen müde ich nicht werde,
Man kann es nur in Umrissen mir schildern.
Doch alles Zeichnen von Problemen
Bleibt skizzenhaft gezog'ner Schemen.
Ich kann es mir nicht ausmal'n. Rand von Bildern.

Mit wem ich Zeit verbringen will

Ich weiß schon jetzt, mit wem ich mich
Zuallererst verabred',
Wenn's mit Immunität bergauf,
Mit Pandemie bergabgeht:

Mit wem ich Zeit verbringen will,
Wenn nicht mehr alles zu ist–
Ich bin mir ziemlich sicher, dass
Auch das dann einfach du bist.

Link

Ich hab dich gestern unter einem Video verlinkt.
Sein Titel „Show this clip to your best friend".
Und heute schau ich wieder, was das Internet so bringt,
Und wünsch mir, dass ich Antwort von dir fänd.

Du hast es schon entdeckt und, wie es scheint, auch nett gefunden,
Denn du hast meinen Kommentar geliket
Und es im Kommentar darunter etwa vor zwei Stunden
Verlinkend einem anderen gezeigt.

Gedanken vor dem Aufstehen

Wenn ich morgens matt erwache,
Geht mir manchmal diese Sache
Durch den Kopf ins weiche Kissen:
Wirklich gerne würd' ich wissen,
Ob er morgens auch schon gähnte,
Als der Mensch noch pleistozänte.

Wälzte er mit viel Genöle
Sich in der bemalten Höhle
Mehrmals noch herum und pries
Kuschlig-warmes Mammutfleece?

Ob er, während er so wühlte,
Auch sich überfahren fühlte
Und gerädert schon sich wand,
Ehe man das Rad erfand?

Warf er sich schon in der Steinzeit
Fluchend nur ins Jägerbeinkleid,
Weil sein (das ist fraglich zwar)
Bett doch so behaglich war?

Fest steht, unsre holozänen
Schmiegeliegen lassen gähnen
Und auf ihren Glücksmatratzen
Will man einfach nur matt ratzen.

Wenn du ab und zu was vorhast

Wenn du ab und zu was vorhast,
Denk ich kurz bevor du gehst,
Was ich alles tu und lasse,
Bis du wieder vor mir stehst.

Und ich freu mich auf die Freiheit
Nicht zu teilen meine Stund,
Und ich plane alte Filme
Und das Essen ungesund.

Und du gehst, weil du was vorhast,
Wünschst mir Spaß, bevor du gehst
Und ich denk, wo ich mich lasse,
Bis du wieder vor mir stehst.

Und schon steck ich in der Freiheit
Und zerweile meine Stund,
Und ich ahne alle Filme
Und es schmeckt mir ungesund.

Und du gingst, weil du was vorhast,
Und ich freu mich, dass du gehst,
Aber nicht, dass ich es lasse,
Nur, dass du im Leben stehst,

Und ich sitze ein in Freiheit,
Mache nichts aus meiner Stund,
Fühl mich frittenfett beim Filme,
Flackernd, blass und ungesund.

Wenn du ab und zu was vorhast,
Merk ich, du bist all mein Glück,
Denk, was ich so tu und lasse,
Kommst du irgendwann zurück.

Der Bandscheibenvorfall

Sie konnten je ein Instrument,
Drum gründeten sie eine Band
Und hatten dabei durchaus Ambitionen,

Die Hits, die man gemeinsam schreibe,
Herauszubringen dann auf Scheibe.
Sie träumten von den Charts und von Millionen.

Verkauf blieb aus, der Bandtresor schmal
Und dieser unerwünschte Vorfall
Beraubte sie der Song-Inspirationen.

Friedrich

Du bist mein Reim auf Schmerz.

Privat hörst du lieber Black Rock,
Und am Männerstammtisch in der Wirtschaft
Landet nicht alles auf dem Bierdeckel.

Du kannst sogar fliegen,
Aber nur so lobbymäßig,
Bist eigentlich gelernter Unsympath
Mit jahrzehntelanger Berufserfahrung.

Grimmigen Gesichts geboren
Am jecken 11.11.
Im Sauerland –
Das passt!

Ich melde mich an für den Poetry Slam

Ich melde mich an für den Poetry Slam,
Obwohl ich das nie so recht wollte.
Zu oft fragte wer, ob ich Teil daran nähm,
Zu oft sagte wer, dass ich sollte.

Und lange Zeit wehrte und sträubte ich mich
Und sagte, das würde nicht passen.
Die einen performen auf Bühnen, und ich –
Ich möchte im Stillen verfassen.

Und, nein, ich verüble den Slamtexten nicht
Das Lockere, ohne Korsett drum.
Ich weiß, Poesie ist nicht immer Gedicht,
Gedicht ist nicht Reim nur und Metrum.

Es liegt also gar nicht am freieren Stil,
An Eminems Sieg über Goethe.
Ich glaub gar, dass mir so zu schreiben gefiel',
Wenn sich das Talent mir nur böte.

Denn wie ich so dasitz', die Anmeldung raus
Zum Poetry Slam „Wortschaftswunder",
Probiere ich kantige Sinntexte aus
Doch reime sie allesamt runder.

Hab deshalb – wie der, der sonst Standardtanz macht,
Im Club nicht frei tanzt, sondern mitzählt –
Mit Suche nach „mitzählt"-Reim Stunden verbracht,
Damit nicht dem Kreuzreim ein Schritt fehlt.

Je mehr ich die Verse zu lockern probier,
Ich merk, desto größer das Krampfen.
Der Rhythmus fließt nie aus der Flowstimme mir,
Liegt stets in den Silben, die stampfen.

Je mehr ich mich mühe, auch unrein zu reimen,
In die schwere Brühe auch Schwung reinzutreiben,
Im ungleichen, sprungreichen, unreifen Style
Als sprachliches Zeichen des Jungseins zu schreiben,
Desto mehr merkt man diesem Üben dann
Die Mühen an
Den Poetry-Schlamm
In dem ich erst waten, dann wüten, dann stecken werd
Und dabei entdecken werd
Das ist nicht mein Steckenpferd

Ich melde mich ab von der Poetry Night,
Denn das, was ich mach, mag ja nett sein,
Doch wirkt nicht im luftigen Hochsommerkleid –
Es muss wohl das enge Korsett ein.

Grundrente

Es ist so weit.
Heute ist der Tag gekommen,
Von dem wir alle ahnten,
Dass er kommen würde –

Er geht.
Die Chefetage hat ihn
Mit warmen Worten verabschiedet,
Wenngleich sie ihn zuletzt schon oft übersehen hatte.

Der Betriebsrat vermisst ihn jetzt schon.
Aber die Stelle läuft aus.
Einen Nachfolger gibt es nicht, hört man,
Aber es mangle auch nicht an alternativen Lösungen.

Wir danken ihm für die vielen Jahre,
In denen er uns treue Dienste geleistet hat.
Er war ein fester Bestandteil,
Eine Bank,
Ein Muster an Ehrlichkeit.
Ohne ihn wird etwas fehlen
An der Basis
Unter uns Kollegen.

Er wurde immer genannt,
Wenn es um Verlässlichkeit ging,
Und jetzt verlässt er uns.

Wir werden uns umgewöhnen müssen
Und noch wundern.

Der Grund hat seine Sachen gepackt,
Sein Schreibtisch ist leer
Und das Stuhlpolster durchgesessen.
Das Licht ist aus,
Seine Bücher hat er auch mitgenommen
Und das Notizzettelchen am Bildschirm,
Gut Ding will Weil haben,
Die Chefetage wollte es ihm nicht abnehmen.

Wie lange schläfst du noch?

Wie lange schläfst du noch?
Ich kroch
Vor Stunden schon aus unserm Loch,
Entwich ganz still,
Weil ich durchaus
Ja will,
Dass du auch einmal länger schläfst,
Schlaf aus!
Doch falls du die Entscheidung träfst,
Dich doch mal langsam zu erheben,
Ich könnte damit echt gut leben.

Wie lange schläfst du noch?
Ich koch
Schon Kaffee für uns zwei, vier Tassen,
Die könnten wir uns schmecken lassen,
Nur bitte keine Eile!
Schlaf aus
Der Müdigkeit heraus
Und lass dir Zeit! Ich habe doch
Bloß etwas Langeweile,
Bin ich schon wach und schläfst du noch.
Will sagen, falls du gerade jetzt
Dich damit auseinandersetzt,
Ob's Zeit wär, aus dem Bett zu kommen,
Zu starten in den Tag,
Du würdest in den Arm genommen
Und wohl auch in Beschlag.

Wie lange schläfst du noch?
Hab doch
Vier Tassen schon allein geleert,
Hellwach, das macht dich wiederum
Gefühlt noch einmal müder, drum
Ist meine Ungeduld vermehrt.
Ich sitze hier so wie bestellt,
Nur dass der Abholdienst nie schellt,
Und sitz es aus, ich guck die Maus
Und frag mich, wann ist dein
Schlaf aus?
Ich mein,
Du könntest mir ja deinen vagen
Aufstehzeitpunkt eben sagen,
Dann wüsst' ich wenigstens genau,
Ob ich noch vier, fünf Filme schau.
Man weiß ja so was nie.

Du schläfst noch lange, wie?

Dummheit, demaskiert

Denkt rechts, denkt links, denkt kreuz und quer,
Denkt quer, denn geradeaus ist schwer.
Entblößt die Nase und den Mund,
Mit „Freiheit" brüllt die Kehle wund,

Mit Pappschild oder Deutschlandfahne
Begebt euch in die Karawane
Der Tapfren, die den Spuk durchblicken
Anstatt gehorsam abzunicken,

Was die da oben bös erdachten
Und ungehindert mit uns machten.
Doch hört man euch noch, wenn ihr irrt?
Wo seid ihr, wenn es doch passiert?

Leis schämt ihr euch im grauen Winter.
Nur bloße Klappe, nix dahinter.

Das Leben – Man kennt das ja schon

Das Leben auf Erden
Es konnte nur werden,
Indem's statt an Land
Im Wasser entstand.
Was Grund für den Start
Von jedweder Art
Gewesen sein muss,
Ist alles im Fluss.

Auf Erden das Leben
Hat Vieles ergeben,
Die Evolution –
Man kennt das ja schon.
Das Vögelein fliegt,
Weil Anpassung siegt.
Weil Anpassung muss,
Ist alles im Fluss.

Das Leben auf Erden
Ist leicht zu gefährden.
Man schmücke mit Müll
Natur und Idyll.
Weil Plastik verweht
Und fast nicht vergeht
Und fort aber muss,
Ist alles im Fluss.

Helikopter

Wären doch die Kinder von
Helikopter-Eltern wenigstens
Senkrechtstarter
Und Überflieger!

Stattdessen werden sie meist
Abgehobene Emporkömmlinge,
Die laut sind, Energie kosten,
Sich um sich selbst drehen
Und irgendwann unsanft landen.

Ich hab Füße

Zugegeben, es ist etwas kühl noch.
Draußen sitz ich, Sonne zieht's nach drinnen.
17 Grad, ein Maitag, und ich fühl doch,
Irgendwie gefällt das meinen Sinnen.

Wenn ich auch mit Gänsehaut es büße,
Statt halbnackend munter warm zu baden,
Fühl ich endlich wieder: Ich hab Füße,
Ich hab Nacken, Unterarme, Waden.

Kannst du auch nicht mehr?

Uns verbleiben nur zwei Wege,
Sage ich und überlege,
Während ich den Kaffee runterkippe.

Stürzen wir uns gleich ans Steuer
Richtung Urlaubsabenteuer
Oder hier und jetzt von einer Klippe?

Sieh zu, dass du was lernst

Sieh zu, dass du was lernst und wirst,
So haben sie geschrien.
Sieh zu, dass du, wie sie, studierst,
Belästigten sie ihn.

Sieh zu, dass du nicht so viel wiegst,
Jetzt sieh nur, dieser Bauch.
Sieh zu, dass du ein Mädchen kriegst,
Wie andre Jungens auch.

Sieh zu, dass du mal Freunde hast,
Geh tanzen, drängten sie.
Sieh zu, dass du ins Schema passt,
Sonst klappt das mit dir nie.

Sieh zu, dass dies, sieh zu, dass das,
Sie gaben keine Ruh.
Sie pressten ohne Unterlass
Und er – ja, er sah zu.

Wie alles in mir klingt

Ich höre grad ein schönes Lied
Und denk an dich dabei.
Dass was wie du mal mir geschieht
Und nicht nur dran vorüberzieht,
Das grenzt an Zauberei.

Von Liebe singt es ganz beschwingt,
Natürlich, das Klischee.
Wobei, wie alles in mir klingt,
Wär's wurscht, wenn es von Würsten singt,
An Liebe denk ich eh.

An dich, an uns und sonst nichts mehr,
Das Glück ist ganz in mir.
Und riecht's nach Popsong noch so sehr,
Ich weiß nicht, wo ich heute wär,
Wärst du nicht heute hier.

Knoten

„Bald platzt der Knoten",
Höre ich die Leute sagen,
Zuspruch per Plattitüde.
Was platzt, ist mein Kragen.

Denn Knoten platzen nicht.
An Knoten pult man herum
Mit wunden Fingerspitzen
Und gepressten Nägeln.

Knoten platzen nicht.
Wie sollten sie?
Man zieht sie nur fester, oder die Schnur reißt,
Und dann?

Knoten platzen nicht.
Müssen sie auch nicht.
Entknotete Schnüre sind
Hässlich.

Dann lieber ein bisschen verknotet.
Manches Problem bleibt
Einfach ungelöst.
Knoten platzen nicht.

Wer textet, der tanzt

Wer textet, der tanzt und muss taktbewusst sein,
Damit ihm die Schritte gelingen.
Mir fallen da Verse im Daktylus ein,
Weil wie so ein Walzer sie klingen.

Ob „**Rechts**drehung", „**Schwe**beschritt", „**Tanz**rhythmus" gar,
Beim Opernball wäre der Daktylus Star
Und wirkt in der Lyrik auf den, der ihn las,
Entsprechend beschwingt, wie ein tänzelndes Maß,

Muss einmal erstarken und zweimal verschnaufen,
Um fröhlich und frisch durch die Verse zu laufen,
Will tanzen und hüpfen, am Ende sich reimen –
Wer textet, der tanzt und braucht treffendes Timen.

Die Welt, wie wir sie kannten

Die Welt, wie wir sie kannten,
Ist nicht mehr existent.
Der Erde, der verbrannten,
Zerfiel das Firmament.

Die Welt, wie wir sie kannten,
Ist einfach kollabiert,
Mit allen angewandten
Konzepten abgeschmiert.

Wie lang wir Ignoranten
Verkannten, dass sie schrie!
Die Welt, wie wir sie kannten,
Wir kannten sie wohl nie.

Neuer Sessel

Am Abend (soll ich ehrlich sein?
Nicht selten schon am Morgen),
Sitz ich im Sessel wie ein Stein
Und fühl mich dort geborgen.

Solch Neigung führt naturgemäß
Zu schleichendem Verschleiß,
Die tiefe Kuhle vom Gesäß
Ist bleibender Beweis.

Ich fand in einem Katalog
Für neues Mobiliar,
Den ich nach Sesseln überflog,
Erst nichts, das passend war.

Man kennt ja sicher das Problem
Mit fehlgekauften Sesseln:
Bald merkt man, man sitzt unbequem
Und folglich in den Nesseln.

Drum prüfe, wer sich ewig räkelt,
Ob recht ist, was er wählt,
Und dass er nicht zu spät bemäkelt,
Dass etwas daran fehlt.

So fuhr ich in ein Möbelhaus,
Um probe mich zu lümmeln,
Sah links, rechts, hinten, geradeaus
Es nur von Sesseln wimmeln.

Ich setzte an zur Sesseljagd
Und mich in sie hinein,
Bis schließlich einer zugesagt,
„Der soll es bitte sein."

Der Polstermöbelsitzexperte
Bekräftigte mit Stolz:
„Perfekte Wahl von höchstem Werte!
Die Füße Eichenholz,

Fein ergonomisch angepasst
Der Lehnen sanfter Schwung,
Und haben Sie schon angefasst
Die Feinsamtpolsterung?

Das Beste noch: Ich denk, Sie freut's
– Wenn Sie hier vorn mal draufsehn?
Die Sitzpunkthöhe – gut fürs Kreuz –
Lässt mühelos Sie aufstehn."

Ich setzte das Gespräch nicht fort
Und mich entrüstet auf.
Dies letzte unbedachte Wort
Verhinderte den Kauf.

Ein Sessel, der's leicht möglich macht,
Aus ihm sich zu entfernen?
Wer diesen Mist sich ausgedacht,
Muss Müßiggang noch lernen.

Mein Sessel soll Gefängnis sein
Mit Mauern aus Perwoll,
Ein Weich, aus dem sich zu befrei'n
Unmöglich werden soll.

Spätpandemischer Juni

Die Biergärten öffnen, die Eisdielen auch,
Es kommen die Leute mit Freude im Bauch,
Sie warten so lange ja schon.
Doch fehlen die Kellner, die hier sonst bedienen,
denn die liefern ihnen
Jetzt Sendungen von Amazon.

Meine Rettung

Egal, wann du zu Hause bist,
So zwischen sechs und sieben –
Dass das stets meine Rettung ist,
Ist echt nicht übertrieben.

Ist auch nicht alles sofort gut,
Wenn du zur Tür hereinkamst,
Der graue Gast nimmt seinen Hut,
Sobald du mich enteinsamst.

Auch du erschaffst nicht Sonnenschein
Aus Nieselregennächten.
Doch bin mit dir ich nicht allein
Mit allem Blöden, Schlechten.

Ferne und Nähe

Mein lieber Nächster, dich zu lieben,
Der du mir stets so nahe bist,
Hab's auf die Fahne mir geschrieben,
Im Fenster sie für dich gehisst.

Dahinter such ich deine Ferne
Und nähe hier zu einem Band
Den faden Tag, weil einst ich gerne
Dich wieder nähme bei der Hand.

Unnahbar für dich bin ich ganz,
Entfernen will ich niemals mich.
Ich halte dich zwar auf Distanz,
Doch weiß dabei: Ich halte dich.

Heimische Ordnung

Zuhause ist für mich kein Ort,
Wo sicher, wo was *ist*, ich wüsste.
Zuhause ist mir eher dort,
Wo ich dort such, wo's stehen *müsste*.

Nur dir

Es reizt mich wirklich nicht, mein
dir leuchtendes Gedichtlein
auf irgendeiner Bühne vorzutragen.
Ich stell dir meinen Text un-
tern Scheffel, dort entdeckst du'n
und merkst, er hat nur dir etwas zu sagen.

Die richtige Bezeichnung

Nicht Freundin,
Denn wir sind nicht nur Freunde.
Nicht Partnerin,
Denn wir haben kein Geschäft.
Nicht Frau,
Denn das klingt so archaisch.
Nicht bessere Hälfte,
Denn du bist ja ein Ganzes.
Nicht Liebste,
Denn ich hab ja nur dich.

Weil du mich bewegst und trägst,
Ich mich freier fühle und mehr erreiche,
Bist du, von unschätzbarem Wert,
Mein Lebensgefährt.

Laune im Keller

Mein Humorniveau ist niedrig,
Deshalb ist auch meine Laune meist im Keller.
Wenn es tiefer nicht geht,
Muss man Flachwitze stapeln.
Und dorthin,
Umgeben von unterirdischen Pointen,
In diesen zoteligen Partykeller,
Gehe ich zum Lachen.

Tut gut

Es tut uns gut, zumindest mir,
Wenn zwischen der Gewohnheit wir
Uns lange unterhalten.
Wer immer aufsteht, frühstückt, geht,
Zurückkommt, isst, was guckt bis spät
Und schläft, kann nur verwalten.

Es tut uns gut, wenn ab und an
Man im Gespräch erkennen kann,
Dass wir noch immer zwei sind,
Gedanklich zweier Wege geh'n
Mal anders und mal gleich es seh'n,
Verbunden zwar, doch frei sind.

Wert

Im Supermarkt wäre ich
Ein gern gesehenes Zahlungsmittel:
Bargeldlos bin ich,
Kontaktlos auch.
Wie viel ich wohl wert bin?

yakamoz

Das Spiegelbild des Monds ist nicht der Mond.
Wer nachts zum Flusse sieht, der wird belohnt:
Das ruhige Rund am tiefgeschwärzten Himmel
Wird silbergoldner Glanz im Wellenwimmel.

Im Spiegel wird der Mond zerflossne Fläche,
Zerschnellt das dunkle Band in helle Bäche,
Beleuchtet dann erst richtig unsre Nacht,
Als würd' er selbst zu einem Strom gemacht.

Bringt nichts

Erst dachte ich, die ganze Krise brächte
Das Gute in uns, Besserung hervor.
Zusammenhalt, verbindende Gedanken –

Dann dacht' ich, durch die Krise käm' das Schlechte
Aus fast versiegten Quellen jäh empor
Und brächte unser Grundgerüst ins Wanken –

Naiv, wer heut noch dies und jenes dächte.
Für Regung fehlt dem Menschen der Humor.
Dass alles gleichbleibt, ist, woran wir kranken.

Sofa, Decke, Chips und Wein

Sofa, Decke, Chips und Wein
Und natürlich du –
Mehr gehört zum Glücklichsein
Wirklich nicht dazu.

Decke, Sofa, Wein und Chips
Nur mit dir geteilt,
Das sind stets die besten Tipps,
Wie mich Glück ereilt.

Chips, Wein, Sofa, eine Decke,
Dich darunter auch,
Sind, wenn ich mit drunter stecke,
Alles, was ich brauch'.

Wein, Chips, Decke, Sofa und
Deine Wenigkeit
Sind für mich der beste Grund
Zur Glückseligkeit.

Nachhaltiges Onlineshopping

Ich möchte gern als grünes Mode-Statement,
Um Werbung für Konsumkritik zu laufen,
Sofern ich was fürs schmale Portemonnaie fänd,
Im Onlineshop mir faire T-Shirts kaufen.

So viele faire Stoffe, die sich böten,
So viele kluge Slogans vorne drauf.
Ich bin so tief nun in Entscheidungsnöten,
Dass ich – das ist das Grünste – gar nichts kauf.

Weit hinten

Als ich ein Kind war, war der Tod
Von allem, was es gab, der Schluss,
Das Aus, ein düsterer Despot,
Durch den einst alles enden muss.

Als ich ein Kind war, starb man noch
Weit hinten, dort am letzten Halt,
Der Endstation, im tiefen Loch.
Der Tod war reglos, leblos, kalt.

Als ich ein Kind war, lebten wir
Dem Tod zum Trotz, als Gegenpol
Im Überfluss – wir fühlten hier
Im Leben sicher uns und wohl.

Als ich ein Kind war, ahnte ich
Noch nichts vom Tod, von seiner Art,
Doch die Erkenntnis bahnte sich
Den Weg in meine Gegenwart:

Seit ich ein Kind war, töte ich
Durch meine Art zu leben schon.
Ich weiß es, doch erröte ich?
Ich bin der Mensch, die Endstation.

Wirbelsäule

Der Name "Wirbelsäule" klingt
Wie eine wilde Attraktion,
Die zischend durch den Funpark rappelt,

Drum passt's, dass in mir alles springt
Und knarzt und zischt bei Rotation
Und mich vom Wohlbefinden abhält.

Herkunft des Produkts

Verzeihung, woher stammen diese Pflaumen?
So schmackhaft, knackig-süß, und diese Färbung!
Solch Pflaumen sind ein Traum für jeden Gaumen!
Wo sind sie her?" - „Ich weiß nicht. Aus der Werbung?"

Kriegsmodus

Soldatenkind wird schmerzhaft raffen,
Welch kolossale Klüfte klaffen
Vom Irrealis zum Indikativ:
Zwar können Herrscher Kriege schüren
Und protzend rufen, dass sie *führen*,
Tatsächlich *fahren* muss, wer „Krieg!" nie rief.

Metzger des Vertrauens

Im nächsten Leben
Werde ich Metzger des Vertrauens.
Beim Metzger des Vertrauens
Kaufen die Guten
Glückliches Gulasch, Grillgut und Grützwurst.

Die Fleischtheken im Discounter sind ja nahezu
Menschenleer heute,
Denn jeder, der noch Fleisch isst,
(Eigentlich ja eh kaum,
Aber wenn, dann auf jeden Fall Gutes vom
Metzger des Vertrauens) geht zu seinem
Metzger des Vertrauens.

Da weiß man, wo es herkommt,
Man muss da gar nicht nachfragen.
Metzger des Vertrauens
Haben einfach täglich frisches Fleisch,
Und das, obwohl sie mit Massentierhaltung
Gar nichts zu tun haben.
Denen vertraut man einfach.
Da darf es ruhig mal etwas mehr kosten,
Theoretisch.

Im nächsten Leben
Landete so ein Mastschwein sicher auch lieber
Beim Metzger des Vertrauens.
Da ist man als Schweinebacke
Einfach in glücklicher Gesellschaft
Und die Leute essen einen mit einer leckeren
Portion Selbstgerechtigkeit.

Quasi jeder hat ja heute seinen
Metzger des Vertrauens,
Deshalb gibt es auch so unglaublich viele davon.
Die Innenstädte sind voll mit
Metzgereien des Vertrauens
Und mit Leuten, die bis auf die Straße Schlange
stehen Für ihr glückliches Steak
Und Vertrauen haben in die, die es metzgern.

Heimsuchung

Liebe Leute, heimgesucht
Hat Gevatter Tod mich nunmehr.
Und mein Abschiedsreim verflucht
Euer nun geplantes Tun sehr.

Ich bin nicht mal unter Tage
Und ihr seid schon übernächtigt
Angesichts der schweren Frage,
Wer sich wessen nun bemächtigt.

Ihr durchsucht mein ganzes Heim,
Wart, bevor ich starb, schon startklar
Sterben, erben – Öder Reim,
Zynisch, schäbig, zu erwartbar.

Schreck, lass nach! Der Nachlass-Scheck,
Das erbet'ne Erbe, gammelt
Gut versteckt. Lass nach? Lass weg!
Lernt, wie ihr Geld selbst ansammelt.

Misanthrop im Lockdown

Mir graut davor, ist irgendwann
Kontaktbeschränkungsschluss,
Dass ich nicht mehr behaupten kann,
Ich meid euch, weil ich muss.

Hintertür

Im Streit mit ihr hab ich mir angewöhnt
Mit „Schuldige" ihn kleinlaut abzubrechen.
Für sie ist das der Sieg, wir sind versöhnt,
Für mich die Hintertür zum Urteilsprechen.

Pfarramtssekretärin Ulli

Pfarramtssekretärin Ulli
Sitzt da und ist ledig.
Sie trägt einen Feinstrickpulli,
Riecht nach Rose und Patschuli
Und träumt von Venedig.

Ulli mag das Aktenwälzen,
Doch aufs andre schielt sie:
Will sich in gelackten Stelzen
Mal mit einem Nackten wälzen.
Wann kommt wer und stiehlt sie?

„Gott zum Gruße, junges Fräulein!"
Ulli hört sich flüstern:
Küster Andre, der muss neu sein.
Jetzt nicht schüchtern oder scheu sein:
Küster, küss mich lüstern!

Dass die Sehnsucht bald gesunde,
Rühr mich an, los, rühr dich!
Du sollst küssen mit dem Munde,
Lautet das Gebot der Stunde,
Und dann los, entführ mich!

Küss mich auf der Seufzerbrücke,
Lieb mich zwischen Tauben!
Reiß den Pulli mir in Stücke,
Fülle diese große Lücke,
Schenk mir neuen Glauben!

„Fräulein, für den Pfarrbrief Juli
Hier des Priesters Predigt!"
Spricht's und geht. Und Pfarramts-Ulli
Kaut auf ihrem Bistumskuli,
Sitzt da, unerledigt.

Schütze

Sternzeichen Schütze,
Feuer mein Element

Jeden Samstag
Kegeln im Kugelclub
Alt mit Schuss
Kimme und Doppelkorn

Was sagt das Horoskop heute:
Erreichen Sie Ihre Ziele,
Treffen Sie mal wieder wen.
Gott Schütze, Sie!

Schon Vater war König
Ich wollte immer in seine Fußstapfen treten:
Breitbeinig, 90 Grad zum Ziel

Abends bei der Tagesschau
Die Waffe polieren
Die Lottozahlen mit Gewehr
Morgen Vormittag örtlich Hagel

Mancher meint, ich solle lieber Fußball spielen
Aber Vater meint, Sport ist Mord
Mancher meint, ich solle Mädchen kennen lernen
Aber Amor ist nicht mein Schützenkönig

Mancher meint, ich habe einen Vogel
Aber den schieß ich ab
Mancher meint, Waffen seien gefährlich,
Aber Schutz kommt von schießen und
Ich
Schütze

Manchmal wird's spät
Mit den Jungs in der Kneipe
Und dann komm ich heim
Und im Waffenschrank brennt noch Licht
Und mein Element ist das Feuer
Und alles dreht sich
Um die Kugel, die meine Welt ist,
Dann schaudert's mich –

Mancher meint,
Ich sollte nicht von mir auf andere schießen
So ein Vogel

Lästern

Wird unter Leute gegangen
Um über Leute zu reden,
Sagt Unterhaltung
Viel über Haltung.

Liebe wärmt

„Ohne *dich*", sagt Friedrich ihr,
„weißt du, was mir bliebe?
Ohne *dich* blieb mir nur 'Frier.'
Ach, wie wärmt die Liebe."

Friderun stimmt eilig zu:
„Würd mir auch passier'n!
Wär' ich plötzlich ohne *du*,
Bliebe mir nur friern."

Lange Tage

Hätte unser Tag infolge kosmischer Faktoren
Beispielsweise vierzig Stunden statt der vierundzwanzig,
Würd aus diesem Umstand eine heikle Not geboren:
Manches, was perfekt im Ablauf passt, verschöbe ganz sich.

Um den derart langen Tag hygienisch angemessen
Durchzusteh'n, nicht schmutzig, sondern reinlich und gesittet,
Zöge man mit Sicherheit schon nach dem Mittagessen
Eine frische Unterhose an, die man stets mit hätt'.

Silvester zu Hause

Die Hersteller planen
Mit Dorfpyromanen,
Millionen von Zündern,
Die LIDL-Shops plündern,
Um jährlich einmal bloß
Ganz hemmungs- und wahllos
Mit Brutzeln und Sprengen
Die Luft zu versengen.

Und überall ragen
Familiensets
Aus Supermarktwagen
– Raketenraclettes.

Bei D-Böller-Proben
Geh'n Daumen nach oben,
OP-Säle stehen
Bereit, um zu nähen,

Und Tierschutz- und Klima-
Und Luftanalysten,
Die fänden es prima,
Wenn alle es wüssten:

„Silvestergeballer
Mit Umweltverpestern
Ist nicht so der Knaller,
Ein Brauchtum von gestern!
Auf jeglichen Abknall
Folgt – Fall auf Knall – Dreck.
Erst Aufstieg, dann Abfall,
Die Stadt kratzt's schon weg.
So spart das Kawummgeld!
Kauft keine Rakete!
Schützt Tiere und Umwelt
Und spendet die Knete."

Doch mächtige Lobby
Befeuert das Hobby,
Will Feuerwerk-Haufen
Gern teuer verkaufen:
„Lasst feuern die Meute,
Sonst feuern wir Leute".
So blieb man verbotsscheu
Dem Umsatzgebot treu.

Jetzt schlug sich das Plenum
Des Staatsparlamentes
Mit Lösungsideen rum
Und fand Exzellentes:

Die Nachfrage ehrend
Und Einnahmen mehrend
Soll Herstellung laufen
Und jeder was kaufen,
Doch dies nur verwenden
In seinen vier Wänden.

Das Vieh schliefe wieder,
Obwohl Leute knallten,
Der Boss wär' liquider,
Die Jobs wär'n behalten,
Die Straßen wär'n reiner
Die Atemluft auch
Und manch ein Gemeiner
Nur Schall noch und Rauch.

Lähmung

Draußen hocken kontaktlos Kontaktpersonen
Drinnen kontaktlose Nacktpersonen

Drinnen schocken Schwerdenker mit Weisheit
Draußen Querdenker mit Dummheit

Draußen stocken die Vakzinierungen
Drinnen die Videokonferenzen

Drinnen locken jetzt Friseure, immerhin
Draußen die Hotspots von morgen

Draußen flocken Flocken vom streifenlosen Himmel
Drinnen die Kondensmilch im abwartenden Tee

Rundliches Kernobst

Wieder und wieder der Hinweis, man soll nicht
Äpfel mit Birnen vergleichen.
Was ist der Grund? Ich verstehe das voll nicht.
Was will man damit erreichen?

Äpfel und Birnen sind toll als Vergleichspaar,
Ähneln in manchem Aspekt sich.
Was wäre bitteschön besser vergleichbar?
Äpfel mit Äpfeln? Ich check's nich.

Herrliches Wetter

In fast allen Bleiben in Urlaubsregionen
Touristisch entsprechend erschlossener Länder
Gehört zu den typischen Wohnattraktionen
TV-Empfang sämtlicher heimischer Sender,

Die leider und unweigerlich dafür sorgen,
Dass das, was dem Reisenden früher verborgen,
Ihn nun doch erreicht wie die Leber die Laus,
Zum Beispiel das herrliche Wetter zu Haus.

Wenn wir landen

Versetzt in das höhere Schuljahr
Belächle ich unten die Kleinen.
Was grad für mich selbst noch so cool war,
Will heute mir lachhaft erscheinen.

Nach Jahren im kleinen Apartment
Mit ausreichend Platz für ein Leben
Ins Haus und ich protz', dass ich's hart fänd,
Sich solch eine Enge zu geben.

Jüngst lief eine Doku im Zwoten
Die mich über Dinge aufklärte.
Nun schimpf ich auf jeden Idioten,
Der davon noch nie etwas hörte.

Hier sitz ich, Veganer seit neulich,
Und frag mich, wie blind sind die Leute?
Was Fleischkonsum macht, ist abscheulich,
Das weiß man doch nicht erst seit heute.

Die Hürde ist groß stets und widrig,
Solang wir sie nicht überwanden,
Und plötzlich, entwertet und niedrig,
Das Ziel unsres Spotts, wenn wir landen.

Stamm

Der Papa schimpft als CEO
Mit jedem. Das ist sein Programm.
Der Sohnemann tut's ebenso.
Der Apfel fällt nicht weit vom Stamm.

Ich glaub, so geht es jedem Kind
Von einem Boss mit Macht und Geld,
Weil solche Leute halt so sind.
Der Apfel stammt nicht weit vom Feld.

Wenn Papa nicht mehr Chef sein kann,
Steht er vor Söhnchens Tür und schellt
Und bleibt, weil, fängt das Sterben an,
Der Stamm nicht weit vom Apfel fällt.

Starr

Ich möchte meine Sprache schreiben,
Wie Ringo Starr sein Schlagzeug spielt:
Nur scheinbar linkisch, ungelenk und simpel,
Sie hintergründig, fast schon unbemerkt
Als Instrument ganz neu erfinden,
Es spielen so, als sei es ein ganz anderes.

Ich will clownesk im Stil zu stolpern scheinen,
Aus Schlenkern dabei Melodien weben,
Den Takt betanzend Bilder malen
Die man nicht sehen, aber hören kann,
Die, weil sie so subtil sind, wie sie sind,
Genial gesetzt das Ganze erst ergeben.

Kurz stören

„Sorry, dass ich dich kurz störe"
Ach, wenn diesen Satz ich höre,
Hoffe ich und bange,
Dass er Recht behalten sollte,
Denn wer kurz nur stören wollte,
Störte meistens lange.

nichts

nichts gegen die andern
aber die andern sind
nichts gegen dich

Stimmige Erklärung

Für die sichtbare Vermehrung
Meiner Falten auf der Stirn
Gibt es viererlei Erklärung:
Nummer eins: Mir schrumpft das Hirn.
Nummer zwei: Ich guck zu grimmig.
Nummer drei: Ich denke halt.
Nummer vier (vermutlich stimmig):
Ich werd einfach langsam alt.

Wie sehr ich mich freue

Ich wollte dir sagen, wie sehr ich mich freue,
So schön, du bist wieder gebunden!
Nach allem, was weh tat, hast endlich aufs Neue
Du doch wieder Liebe empfunden.

Dies Wagnis sei niemals dir Anlass zur Reue,
Nie Quelle noch weiterer Wunden.
Ich wünsch deinem Partner die nötige Schläue
Zu spüren, dein Herz ist geschunden,

Und dir seine immer beständige Treue
In leichten und schwereren Stunden.
Die Sorgen, die Ängste, die Zweifel zerstreue
Sein Ja zu dir ganz unumwunden.

Es bleibe nur Liebe, es schwinde das Scheue,
Ich glaub fast, es ist schon verschwunden.
Ich wollte dir sagen, wie sehr ich mich freue,
Dass ich es bin, den du gefunden.

Schwertransport

Über Meere, durch die Wüsten
Wandern Waffen durch die Welt.
Feine Herrn, die friedlich grüßten,
Liefern jedem, der bestellt.
Schafft sie ran, die Sturmgewehre,
Ran den schweren Kriegsexport.
Ran die Säbel, Panzer, Heere.
Wirtschaft, das ist Schwert-Ran-Sport.

Stoppelfeld

Weißt du noch, damals,
Das Stoppelfeld gegenüber,
Als Herbste noch Jahreszeiten waren,
Orte Dörfer
Und das Küchenfenster eine schöne Aussicht?

Weißt du noch, diese goldenen Stoppeln,
Und dahinter am Horizont nichts
Als noch mehr Felder und dann Wald und
dazwischen
Ab und an ein Zug von links nach rechts
Und ab und an umgekehrt?

Weißt du noch, wie viel freier wir waren
Als die Drachen, die wir steigen ließen
Auf dem Stoppelfeld,
Wo niemand an uns zog und niemand lenkte,
Weil wir niemals davongeflogen wären?

Fressfeinde

Ein Wolf hat jüngst im Westerwald
Vier Lämmer totgebissen.
Der Bauer dort verkündet kalt,
Der Wolf gehört jetzt abgeknallt,
So'n Wolf hat kein Gewissen.

Lokale Presse nickt empört,
Zitiert aus Grimmschen Sagen.
Der Wolf hat das Idyll zerstört,
Genommen, was ihm nicht gehört,
Jetzt geht's ihm an den Kragen.

Die armen Lämmlein, umgebracht
Und rücksichtslos gefressen!
Dabei war das doch so gedacht,
Dass das der Mensch schön selber macht,
Doch erst zum Osteressen.

Wie auf einer andern Bahn

Wer mit Kindern sich umgebe,
Heißt es, bleibe länger jung –
Ich bin Lehrer und erlebe
Alterungsbeschleunigung.

Jahr um Jahr in dem Berufe
Sind die vor mir immer gleich,
Während leis ich Stuf' um Stufe
Richtung alter Lehrer schleich.

Höchstens, bis die Schüler neunzehn,
Altern sie ein Stück mit mir.
Kaum, dass man ihr Geh'n beweint, steh'n
Sie als Fünfer wieder hier.

Ich jedoch entferne weiter
Wie auf einer andern Bahn
Mich auf meiner Altersleiter,
– Das beunruhigt, ab und an.

Fertig

Ich schreibe auf meine To-do-Liste:
To-do-Liste!!!
Denn ich darf nicht vergessen,
Mir noch eine to-do-Liste zu schreiben.
Heute Morgen habe ich angefangen,
Eine ältere abzuarbeiten.
Heute Abend stelle ich fest,
Ich habe sie angearbeitet.

Meine Arbeit
Produziert
Meine Arbeit.
Am Ende des Tages gibt es
Weniger ich
Und mehr Liste.
So ist es zu verstehen, wenn man sagt,
Die Arbeit macht mich fertig
Und nicht anders herum.

Teamwork

Mit Teamwork sind wir besser dran,
Weil jeder etwas tragen kann.
Den schweren Rucksack trage ich.
Was bleibt dann übrig? Du trägst mich!

Reflexion

Gedichte, die einer am Bildschirm getippt,
Sind nie frei von Eitelkeit, Vorsicht und Scham,
Weil's hinterm Text immer dies Spiegelbild gibt,
Das skeptisch und zögernd die Leichtigkeit nahm.

Wache

Die Augen fallen zu –
Halt, wache!
Und mache
Die Augenfallen auf,
Halt Wache!
Sei wach, sei hier,
Bleib wach bei mir,
Pass auf auf mich.
Pass auf! Auf mich
Ist kein Verlass
Mich nicht.

Weichen

Da sind sie nun, die großen Fragen,
Die sich doch erst die Großen fragen:
Wer will ich sein und wer noch werden?
Wie hoch noch fliegen, wie mich erden?

Wo will ich weg und was erreichen
Und wo sind überhaupt noch Weichen?
Der eingeschlag'ne Weg im Leben,
Wie ließe der sich wieder kleben?

Von all der Zeit, die man mir lässt,
Wie viel dem Job, wie viel dem Rest?
Und wie viel Füllung sammle man
Für ein erfülltes Leben an?

Wie werd ich alt? (Wann bin ich alt?)
Was soll ich ändern und wie bald?
Wie pfleg ich mich, damit ich dauer?
Wie üb ich für die größte Trauer?

Wie lebe ich mit vollem Mund
Und trotzdem sparsam und gesund?
Was ist's mir wert, die Welt zu schonen?
Was grünes und was großes Wohnen?

Ob Großmut mir zur Armut rät?
Und wieviel Wohlstand mir wohl steht?
Was geb ich darauf, was ich hab?
Was geb ich auf, was geb ich ab?

Was soll bestehen, was sich wandeln?
Und was bestimmt dabei mein Handeln:
Wen gern ich hab? Was gern ich hätt?
Ist eine Haltung auch Korsett?

Wie bleib ich eines Tages weg
Und weiß, mein Leben hatte Zweck?
Was wächst dann nach und was vergeht,
Mein Erbgut oder mein Planet?

Das dritte und die ersten beiden

Mochtest du dies Büchlein leiden,
Hätt' ich eine Bitte:
Es ist schon das dritte.
Konntest du's bislang vermeiden,
Lies doch noch die andern beiden.

Eins hat blaue Coverbögen:
„Schriftliches aus Drucksvermögen",
„Neues…" ist das zweite,
Rot die Coverseite.
Meisterwerke! (Gegenstimmen lögen.)